Amy Hest (Text), Jill Barton (Bilder)
Schwimmen ist doch schön
Deutsch von Martina Ornberger

Text © 2002 by Amy Hest
Illustrations © 2002 by Jill Barton
(Titel der englischen Originalausgabe: *Make the Team, Baby Duck!*)

Published by arrangement with Walker Books Ltd., London

Die Deutsche-Bibliothek — CIP-Einheitsaufnahme
Ein Titeldatensatz für diese Publikation
ist bei Der Deutschen Bibliothek erhältlich.

1. Auflage 2003
© der deutschsprachigen Ausgabe
2003 Patmos Verlag GmbH & Co. KG
Sauerländer Verlag, Düsseldorf
Alle Rechte, einschließlich derjenigen des auszugsweisen Abdrucks
sowie der fotomechanischen Wiedergabe vorbehalten.
Printed in China
ISBN 3-7941-4955-6
www.patmos.de

Schwimmen
ist doch schön

Eine Geschichte von
Amy Hest

mit Bildern von
Jill Barton

Deutsch von
Martina Ornberger

Sauerländer

Es war am ersten Tag des Sommers. Entchen saß ganz allein am Rand des Schwimmbeckens. Ab und zu streckte Entchen die Füße ins Wasser.

Das Wasser war kalt.

»Los, spring schon!«, rief Vater.

»Nein«, sagte Entchen.

»Aber du schwimmst doch gerne«, sagte Mutter.

Da spritzten Vater und Mutter herum und lachten laut,

damit Entchen sehen konnte,

wie schön es im Wasser ist.

»Komm doch rein!«, riefen sie.

»Letztes Jahr hast du auch

immer mitgemacht.«

»Nein«, sagte Entchen.

»Schau mal her«, rief Vater und schwamm los.

Vater Ente war ein sehr guter Schwimmer.

Als er auf der anderen Seite war, winkte er.

Entchen winkte nicht zurück.

Es guckte in die Wolken.

Es betrachtete die Rüschen an seinem Badeanzug und es schaute zu,

wie die kleine Schwester herum plantschte.

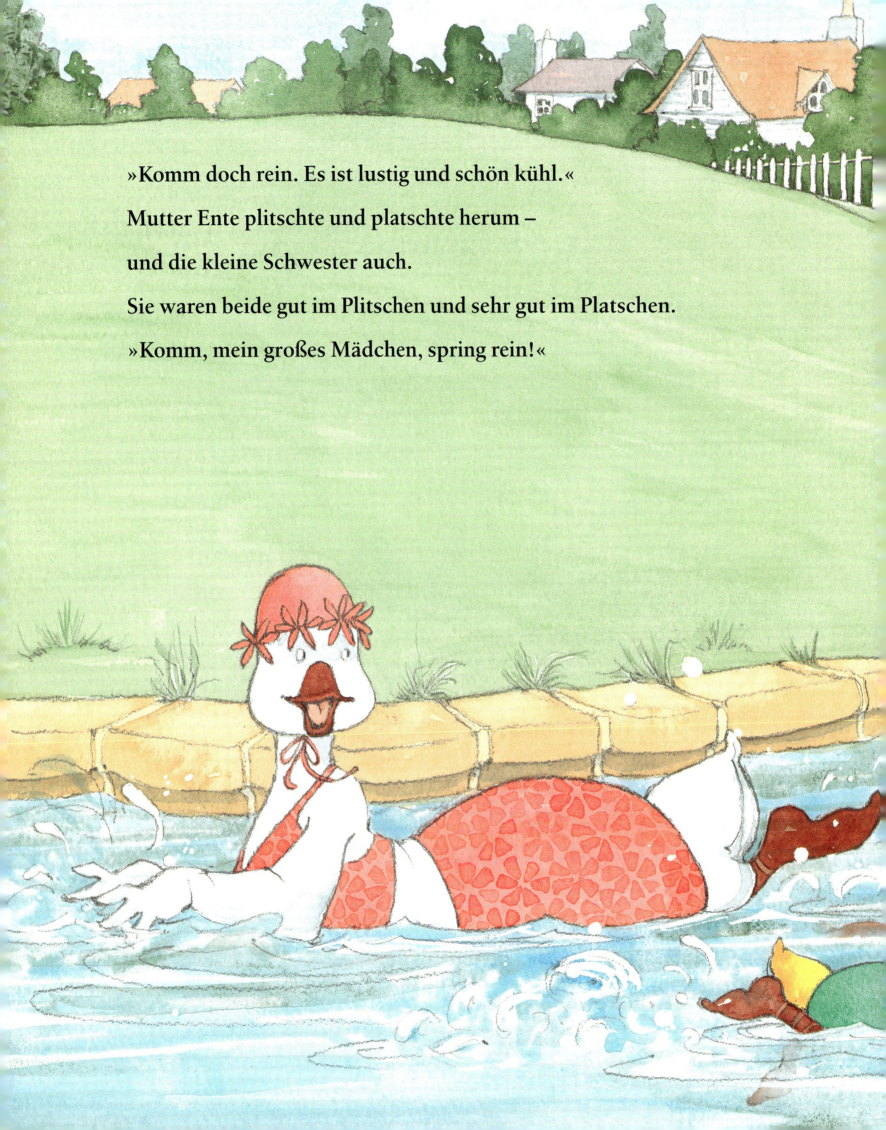

»Komm doch rein. Es ist lustig und schön kühl.«

Mutter Ente plitschte und platschte herum –

und die kleine Schwester auch.

Sie waren beide gut im Plitschen und sehr gut im Platschen.

»Komm, mein großes Mädchen, spring rein!«

Aber Entchen sprang nicht.

Da kam die Gruppe vom Kinderschwimmen.

»Schau mal, wer da kommt«, sagte Vater.

»Die kennst du doch«, sagte Mutter Ente.

Die Kinder stellten sich am Beckenrand auf;

ganz vorn, mit den Zehen an der Kante.

Der Trainer pfiff mit seiner silbrig glänzenden Trillerpfeife –

pfiiiiif – und alle sprangen

mit lautem Hallo ins Wasser.

Entchen schauderte und dann seufzte es.

Werde ich das je schaffen?

»Schwimmen ist schön«, sagte Friedrich

und machte große Bewegungen mit den Armen.

»Schöner als schön«, sagte Fritzi und glitt locker vorbei.

Entchen saß da und sang leise ein Liedchen.

Schwimmen, Schwimmen, Schwimmen –

Warum muss Schwimmen sein?

Schwimmen, Schwimmen, Schwimmen –

Lasst mich doch allein.

Da kam Großvater über den Rasen.

»Schön, dass du auch hier bist«, sagte er und begrüßte Entchen.

»Ich habe gehofft, dich hier zu treffen.«

Er legte sein Badetuch neben das von Entchen.

»Ich habe gehofft, dass wir zusammen auf meinem neuen Badetuch sitzen können. Gefällt es dir?«

»Und wie«, sagte Entchen.

»Gut«, sagte Großvater.

»Und mir gefällt,

wie gut du Wellenkreise machst.

So schöne Kreise – das ist gar nicht einfach.«

»Wirklich?«, sagte Entchen.

»Wirklich!« sagte Großvater.

»Da braucht man genau die richtigen Füße dafür.

Stark und fein.«

Entchen lächelte und schaute seine Füße an.

Stark und fein.

Der Trainer pfiff wieder mit seiner silbrig glänzenden Trillerpfeife – *pfiiiiif* –
und die Entchen vom Kinderschwimmen
kamen zusammen.

»Das scheint Spaß zu machen«, sagte Großvater.

»Meinst du nicht auch?«

»Ja, schon«, sagte Entchen.

Lange schauten Großvater und Entchen zu.

Und ab und zu seufzte Entchen.

»Vielleicht kannst du auch mal mitmachen«,

sagte Großvater. »Möchtest du?«

»Ja schon«, sagte Entchen, »aber

meine Arme werden immer so rasch müde.

Dann komme ich nicht mehr mit.«

»Das kann vorkommen,« sagte Großvater.

»Das passiert sogar den besten Schwimmern.«

»Und manchmal schlucke ich Wasser«, sagte Entchen.

»Dann krieg ich keine Luft mehr.«

»Das kann vorkommen,« sagte Großvater.

»Auch die besten Schwimmer

müssen da gut aufpassen.«

Entchen spreizte seine Zehen aus dem Wasser

und streckte die Füße in die Luft.

Lange schaute es seine starken und feinen Füße an,

bis es ganz sicher aufstehen wollte.

Und als es wirklich wollte, stand Entchen auf
und stellte sich richtig hin –
ganz vorn, genau mit den Zehen an der Kante.

Es winkte Vater und Mutter und der kleinen Schwester und dann,

dann machte es seine Augen fest zu und …

                                        sprang ins Wasser!

Entchen schwamm mit den anderen bis ganz hinüber.

Es strampelte fest und schwamm und schwamm

und die Arme wurden nicht müde.

Und es schwamm und schwamm und schluckte kein Wasser.

Und als Entchen aus dem Becken stieg,
sang es ein neues Liedchen.

Schwimmen, Schwimmen, Schwimmen –
im Wasser ist es schön.
Schwimmen, Schwimmen, Schwimmen –
das kann doch jeder sehn.